LE SOCIALISME,

LA FAMILLE

ET

LE CRÉDIT.

Imp. Guiraudet, r. S.-Honoré, 315.

LE SOCIALISME,

LA FAMILLE

ET

LE CRÉDIT.

> En dehors de la République, pas de salut pour la France.
> En dehors de la famille, pas de salut pour la République.

Par A. De Montry.

PARIS,
CHEZ BRETEAU, LIBRAIRE,
Passage et Péristyle de l'Opéra.

1850

AU LECTEUR.

La République est l'avenir de la France.

Nous l'affirmons et nous en donnons la preuve.

On nous dira que pour le moment il y a bon nombre de républiques en l'air dans les cerveaux.

C'est vrai ; mais il n'y en a qu'une seule, nécessairement, dans la force des

Dégager le plan de cette République du sein des éventualités qui dominent la France, et s'y conformer tout d'abord en appelant les esprits, épars encore, au concours de ses véritables institutions organiques, lesquelles, en dernière analyse, sont plutôt dans nos mœurs que dans nos lois, et dans les nécessités que dans les cerveaux : voilà le but de notre travail.

Nous l'adressons aux esprits pratiques.

Nous marchons tout à fait en dehors des vanités de systèmes ou de partis pris.

Nous acceptons les faits tels que, d'eux-mêmes, ils s'offrent à la racine des traditions humaines.

. . . .

Ces traditions sont élémentaires, et

survivent aux traditions artificielles, dont le plus ou le moins de longévité ne nous intéresse que médiocrement.

1848 a mis à nu le tuf social.

En regardant au fond de la conscience française, nous y avons trouvé *la Famille*.

De la famille et d'elle seule, sans autre alliage, sans y mêler nos fantaisies, nous partons pour aller à l'organisation ultérieure de la République.

L'analyse même de la famille nous a donné la formule de notre instrument logique.

Il nous a suffi de transporter les éléments de cette analyse dans les diverses questions de socialisme, de crédit, de suffrage universel, d'impôt, de liquidation foncière, d'organisation départementale, d'initiative dans les communes, etc.

Quiconque partira des mêmes bases que ce travail nous donnera par cela seul rendez-vous au même but.

Aux détails près, de deuxième ou de troisième ordre, il passera par des moyens identiques.

La logique n'a qu'une route; elle reçoit la consigne et la transmet; mais elle ne la donne pas.

A la Mémoire

DE MON FRÈRE

JAMES DE MONTRY,

REPRÉSENTANT DE LA CÔTE-D'OR
A L'ASSEMBLÉE CONSTITUANTE ET A L'ASSEMBLÉE LÉGISLATIVE
(1848-1849)

MORT EN EXIL LE 6 JUILLET 1849.

Paris, ce 25 mars 1850.

J'ai partagé tes sympathies pendant ton existence, je les respecte et je les conserve après ta mort.

Il m'a semblé, mon frère, que tu me laissais tes propres vœux comme un testament, et que j'étais resté debout pour combattre à ta place.

Je ramasse ton arme tombée ; j'éclaircirai la préoccupation de ta vie en te remplaçant.

Oui, James, la République était inévitable, et ce qu'il y avait d'éphémère dans les nombreux essais politiques tentés depuis 1789 en renfermait la prophétie.

On n'a pas abattu l'ancien ordre de choses, il s'est écroulé !

Et si les républicains prophétisaient la révolution, il faut reconnaître que la révolution les a surpris et déconcertés. Le résultat ne l'a que trop mis en lumière.

On n'a su que se disputer, avec plus de zèle que de réflexion, un mot *inaliénable* désormais, lorsqu'il s'agissait de fonder sérieusement la chose; et la peur de perdre la République l'aurait cent fois mise à mort, si son triomphe n'était le décret même de la nécessité.

Nos adversaires ont beau maudire la République au fond de leur âme, et laisser échapper le secret de leurs antipathies.

Sa conservation fait leur sécurité.

Et toutes les probabilités sont pour sa consolidation.

Il était plus simple et plus facile, lors

du 24 février, de proclamer la République en face de la France et de l'Europe, qu'il ne serait simple et facile aujourd'hui de l'éliminer.

Pourquoi ?

Parce que toute élimination, dans la sphère politique, appelle un remplacement ;

Et que l'analyse des trois partis anti-républicains qui se groupent en majorité manifeste assez péremptoirement que chacun d'eux sent sa faiblesse et n'est guère à même de procéder à ce remplacement.

La pluralité des compétiteurs devient donc par elle-même, indépendamment de toute autre considération, la raison d'être de la République.

Tous les partis voteront pour elle, ne fût-ce que pour prendre haleine, intriguer et négocier. — Tous l'acceptent d'un commun accord à titre de provisoire indéfini, car chacun d'eux, pris à part, jalouse encore plus ses coalisés, que tous, pris ensemble, ne haïssent la République.

Je ne vois aucune combinaison qui puisse les faire pactiser, autrement que sur le parfait accord de leur neutralisation réciproque.

L'Elysée, les Orléanistes et les Légitimistes en sont tous là, s'ajournant sans cesse, et rongeant leur frein sous le coup d'une résignation doublement obligée, — tant par la faiblesse relative de leurs rangs — que par la force intrinsèque des choses.

Ils sont opposés à la République, — mais ils la préfèrent cependant à la prépondérance de leurs compétiteurs, qu'ils détestent comme un collatéral peut détester des collatéraux. Et ils n'ont la main haute qu'en s'effaçant de plus en plus dans une teinte où toutes leurs couleurs se confondent.

Leur union, je le veux bien, n'est qu'une conspiration; mais cette conspiration fait oublier leur drapeau, tandis qu'elle maintient le drapeau de la République, auquel, autour d'eux, on se familiarise de plus en plus.

Il n'y a qu'une chance contre la République, et c'est parce que cette chance trahit un danger qu'il nous appartient de venir à son aide, non plus par des collisions, mais par de franches lumières.

Nos adversaires professent l'incompatibilité de la République avec l'existence du crédit.

C'est un préjugé, mais il est mis habi lement en circulation au profit de leur impuissance.

Montrons la compatibilité du crédit avec l'existence de la République.

Le crédit insurgé tient encore la République en état de siége.

Il faut essayer de désarmer ses rigueurs, car les préventions sont plus menaçantes pour notre cause que toutes les forces de la réaction.

Il y a bien des gens las, il y a bien des adeptes flottants dans les rangs de nos ennemis, et j'aperçois des conversions en foule au bout de la solution de ce problème.

Les affections des vieux partis sont moins fortes que leurs haines; mais leurs haines sont moins fortes que leurs intérêts.

Cher et bien-aimé James, — pendant les heures si furtives de nos rapprochements fraternels, tu me communiquais tes sympathies républicaines, — je te communiquais mes réflexions.

J'adoptais ton culte, et tes vœux m'inspiraient des travaux.

D'heureuses fusions semblaient s'opérer entre la théorie et la pratique.

Mais il fallait du temps.

Des études suivies se sont ébauchées entre nous sur des termes arrêtés et définis de bonne foi, dans cette pensée républicaine et pratique dont je devais, hélas ! être le seul continuateur.

Des conflits politiques ont décidé de notre séparation.

Tu n'es pas mort du moins sans avoir entrevu la solution du problème, et sans donner à notre commune espérance des larmes de patriotisme et de joie.

Il était trop tard pour ta vie, qui s'attachait de plus en plus chaleureusement à la mienne.— La fatalité du point d'honneur a forcé la main à ton zèle dans un de ces moments où la voix d'un seul n'a pas assez de force pour se faire entendre de tous.

Bien-aimé frère, ma conscience te restitue ce qui t'appartient dans ce travail, en le mettant, auprès de tes amis, sous la protection de ta mémoire.

Tu mourus sans amertume contre qui que ce fût.

Ma consolation est de m'en souvenir.

A. DE MONTRY.

LE SOCIALISME,

LA FAMILLE ET LE CRÉDIT.

> En dehors de la République, pas de salut pour la France.
> En dehors de la famille, pas de salut pour la République.

I

LE SOCIALISME.

On se demande, non sans dédain, ce que c'est que le socialisme.

A cette question, qui ne tombe pas de la

bouche de gens sérieux, nous ferons cependant une triple réponse.

En négatif :

C'est la contre-partie du programme adopté depuis 200 ans par ceux qui se regardent comme les héritiers des traditions de la France, et qui n'en sont que les étouffeurs ;

C'est une protestation de tout ce qui demande à vivre, à respirer, à se mouvoir, contre ce qu'il y a de vide, d'asphyxiant et de mensonger dans les doctrines de l'économie politique ;

C'est la réclamation populaire du droit d'association dans des limites qui rappelleraient pour le moins les anciennes franchises provinciales et municipales de notre pays, et ses corporations d'arts et de métiers ;

C'est une explosion de plans contradictoires entre eux (nous l'accordons), mais qui forment par cela même un contraste éclatant avec le marasme et la stérilité des vues dont nos tristes pouvoirs se sont misérablement constitués les défenseurs, en s'écroulant les uns sur les autres;

C'est une réaction qui fulmine à la fois ses ressentiments contre la paresse et la tyrannie de la centralisation moderne;

C'est l'application du moxa sur un corps qui tombe en paralysie, du galvanisme sur un être que gagne la mort;

C'est l'expression désespérée d'un étouffement qui ne peut pas se prolonger davantage;

C'est l'envie de soustraire la France aux bâtons de la police, pour lui restituer la police des mœurs et de la liberté;

C'est un effort pour échapper à l'atmosphère du sépulcre au fond duquel on nous conseillerait si volontiers de rester calmes, dans l'intérêt d'une poignée de gens chez lesquels il semble que le sentiment moral soit éteint.

Voilà ce que c'est que le socialisme en négatif.

En positif :

C'est une série de représailles, la loi du talion, l'expression des vœux de la multitude aux dépens de la race de ceux qui se donnent des tons de la mépriser ;

C'est quelque chose d'amer comme le levain d'une vieille injure qu'on trouve enfin l'occasion de venger ;

C'est la conscience du peu que valent les gens qui nous imposeraient volontiers un dogme quelconque, fait, non pas à leur image (ils s'en mordraient les doigts), mais à leur convenance.

Voie pour voie, que cette voie mène aux antipodes ou ailleurs, au rebours ou non du but qu'on poursuit, il nous paraît plus digne d'un pays comme notre France de s'engager dans les voies de l'inconnu, qui permet au moins des illusions, que dans celles du connu, dont notre expérience ne sait que trop les hontes et l'histoire.

La bourgeoisie, dont la flagellation commence, méconnaît la noblesse populaire; — de même que la race des affranchis du Capitole, héritiers impuissants du sceptre politique et de la fortune des Romains, méprisaient les Barbares.

Mettons que le socialisme soit un fléau de Dieu.

Pourquoi pas?

Mettons qu'il ne soit que l'anathème de la terre contre ses corrupteurs, une opération chirurgicale sur un corps gangrené.

Sa légitimité résulterait de cette définition terrible.

Nous ne la repoussons pas.

Il y a bien quelque chose de positif dans

le socialisme, ne fût-ce qu'une déclaration de guerre à la société, représentée d'une certaine façon par de certaines gens.

En dernière analyse, le socialisme est un fait.

Fantôme, si l'on veut!

Ce fantôme assiége un monde à l'agonie, comme la conscience de l'assassin l'assiége durant le râle de son dernier soupir.

Qu'il soit encore une énigme pour ces satisfaits éphémères et poltrons qui font ce qu'ils appellent de l'ordre dans les rues avec les bâtons de la police et le vent de leurs proclamations : serait-ce donc vraiment une raison pour l'injurier?

Ils trouvent absurde ce qu'ils ne comprennent pas!

Que comprennent-ils?

Pour nous, — en affirmatif, — le mot de l'énigme :

C'est la sincérité dans le suffrage universel par l'exhumation politique du principe de la famille que l'usure et l'insurrection tiennent tour à tour en échec entre la routine et l'utopie, aux dépens du capital et du travail, qu'il faut délivrer à la fois de la double tyrannie de l'agiotage et de la grève;

C'est l'unanimité du sentiment français, constitué dans les élections par l'institution d'un délégué facultatif, qui stimule l'honneur civique en complétant au besoin les lacunes de l'absence;

C'est par là même, et sans autre expédient, la résurrection de notre crédit à l'intérieur et à l'extérieur, sur une base dont la longévité laissera des coudées franches à la mobilité de l'esprit national;

C'est la réforme de l'impôt;

C'est la constitution de la commune;

C'est la décentralisation administrative;

C'est la restitution au chef de famille de sa prépondérance politique,

Afin de combler des vides immenses dont on nierait en vain la réalité; car, en dernière analyse, les crises du temps n'ont pas reçu et ne peuvent pas recevoir d'autre explication.

Rien, — nous sommes dans la nécessité de le dire, — rien en France, pas une autorité, pas une existence, nulle espèce d'institution sérieuse et digne de ce nom, tant au profit de l'ordre qu'en faveur de la liberté; — rien ne s'établira dans notre pays sans une satisfaction loyale et pleine à ces conditions préliminaires.

Nous vivons sous le coup d'une triple sommation, à laquelle il faut rendre les armes.

En vain se ment-on à soi-même de part et d'autre en se condamnant, dans un vide universel, aux travaux forcés des délibérations permanentes.

Il faut deviner l'énigme du socialisme.

Les besoins de la nature de ceux qui nous tourmentent ne sont pas de ceux que l'on distrait ou que l'on endort.

Le dernier paroxisme approche.

Et la conscience nous crie que les législatures fourvoyées ne font pas autre chose depuis 1789 que l'inutile et fastidieux travail de Pénélope.

Nous voyons ce que quelques uns y gagnent.

On doit frémir de ce que la nation y perd.

II

LE CRÉDIT.

Dans la situation politique de la France le crédit n'existe pas, et ne peut pas exister.

Pourquoi?

Parce que le crédit est l'expression de l'estime commune dans la force d'organisation des choses, et qu'il est manifeste que cette estime n'existe pas.

Quel qu'il soit, large ou restreint, le crédit est l'inflexible résultat de telle ou telle situation politique ou particulière, le thermomètre de l'ordre, l'inventaire social de telle ou telle nation, l'inventaire domestique de telle ou telle famille.

Lorsque la situation politique est bonne, c'est-à-dire, lorsque l'équilibre règne entre les diverses conditions de l'ordre social, le crédit suit une marche ascendante.

La surabondance des valeurs qu'il crée produit alors un phénomène équivalent à celui de l'abaissement de l'intérêt ; car il devient loisible de se procurer un plus grand nombre de capitaux pour le même prix. L'étalon de l'intérêt légal peut dès lors rester identiquement le même. Rien de plus indifférent, parce que, si, dans le fait, la dette que l'on contracte est relativement plus forte, par la même raison, elle se trouve mieux garantie.

Lorsque la situation est mauvaise, — c'est-à-dire lorsque l'équilibre dans les conditions sociales est rompu, — il se produit un mouvement inverse : l'intérêt, sans même quitter l'échelon du taux légal, croît avec rapidité par cela seul que l'on obtient moins de capitaux pour une dette identique, toutes les garanties se trouvant en suspicion.

Si nous jetons un coup-d'œil sur l'inventaire social de la France, nous voyons:

D'un côté, un passif énorme que tous les établissements politiques qui se sont succédé jusqu'à nos jours ont accru comme à plaisir;

De l'autre côté, un juste effroi, que les désastres qui ont été la conséquence de la chute des pouvoirs ont inspiré au capital.

Si, ensuite, nous interrogeons l'inventaire des familles,

Nous constatons une dette foncière de plus de 12 milliards, dont la génération à venir est menacée de payer l'amortissement;

Nous voyons que l'or des financiers reflue vers la bourse, refuge des transactions parasites, — transactions qu'on essaie de flétrir par des mots, mais qu'il faut bien subir;

Que l'économie du manœuvre s'engloutit à la caisse d'épargne, institution fausse et funeste de tous points;

Et que, récapitulation faite, balance en main, la sphère des transactions se rétrécit, tandis que celle des éventualités fatales gagne de plus en plus en ampleur.

Entre ces deux meules que la main de la fatalité lance à l'inverse, la crise augmente, le salaire perd ses bases, l'émigration ravage les rangs industriels, le paupérisme se développe, et d'incalculables haines que le besoin rend de plus en plus sourdes, étonnées du vide et du chaos qui les assiégent, ils arrivent progressivement aux plus violents défis.

Pour rendre au crédit son élasticité, on a proposé bien des moyens; mais on a toujours oublié que les moyens n'ont de prix qu'autant qu'ils s'appuient sur des principes.

Tant que ces principes seront méconnus,

Tant que les diverses conditions de l'ordre social ne s'harmoniseront pas entre elles,

Tant que nos législateurs n'auront pas restitué le terrain sur lequel le crédit peut s'établir,

Tant que la prépondérance du chef de famille, auquel s'adresse le crédit, ne sera pas incontestable en politique, comme elle l'est de fait dans l'ordre social.

Le crédit n'existera qu'à l'état d'asphyxie ou d'usure, et la France marchera de plus en plus vers sa ruine.

Aujourd'hui, ce nous semble, il est temps d'aborder en face le problème. L'ajournement renferme une série de révolutions nouvelles, sachons les prévenir en demandant à la famille, comme seul expédient salutaire du jour, un gage de résurrection miraculeuse pour le crédit.

La nécessité demande un défenseur; nous nous avançons en tirailleur perdu.

III

DES CONDITIONS SOCIALES PAR RAPPORT AU CRÉDIT.

Chaque lecteur, — dans cette analyse de ce que nous appellerons les conditions sociales, — déterminera la place qu'il occupe, que cette place soit accidentelle, obligée, ou volontaire.

Nous ne sommes pas responsables des faits, ils existent; nous les voyons, et nous les acceptons au profit des règles qui s'en déduisent; la logique s'y conforme, et ne les réforme pas.

Dans son abstraction pure, c'est-à-dire lorsqu'on en fait l'analyse au point de vue de l'atelier social, dont le crédit est la respiration et l'âme, l'ordre général des relations communes, — réduit à ses éléments radicaux, — repose sur la triple distinction :

Du capitaliste, qui est le chef de cet atelier ;

Du manœuvre, qui en est la force active ;

Et du tenancier (1), qui participe à la fois du

---

(1) *Note pour le lecteur, à cause du fréquent usage, dans cette brochure, du mot de* TENANCIER.

1°. En style de jurisprudence, le mot *tenancier* ne concerne spécialement que celui qui solderait une redevance afin d'exploiter pour son compte un fonds relevant d'autrui.

2°. Nous nous en servons par analogie.

C'est-à-dire que nous résumons autour de ce terme commun, — pour nous générique, — une série de situations devenues équivoques en France depuis que capitaliste, comme contre-maitre, et du manœuvre, comme assembleur, à titre d'intermédiaire commun et de foyer de rapports entre l'un et l'autre.

Mais l'abstraction pure n'est qu'une méthode de l'esprit pour l'éclaircissement des apparences.

---

l'hypothèque et l'usure, la dépréciation et l'expropriation forcée sont à la porte de tant de *propriétaires*, dont le titre se trouve à peu près fictif par ce fait.

Le locataire, le fermier, le contre-maitre, l'entrepreneur, rentrent dans la catégorie du tenancier.

Le mot de tenancier résume et reflèchit pour nous la condition intermédiaire que nous rencontrons incessamment entre la condition du capitaliste et la condition du manœuvre.

Par cet avertissement, nous répondons aux critiques des gens scrupuleux.

3°. Nous avions besoin d'une formule dont la précision servit de type pour tout le reste.

Entre deux extrêmes, il est de rigueur que l'on se serve d'un terme moyen.

Dans le menu détail de la vie pratique, tous, tant que nous sommes, nous participons plus ou moins de deux de ces conditions spéciales et distinctes. En fait, les nuances paraissent très rarement aussi tranchées; la plupart du temps, elles se mêlent dans des proportions quelconques, et forment des mixtes où les tons contigus pactisent plus ou moins entre eux, discordent ou s'accordent, sont plus ou moins fondamentaux ou dominants.

Le capital et le travail, que chacun se propose aujourd'hui d'associer, ne peuvent, — ni plus ni moins que le feu (par exemple) et l'eau, moteurs obligés de l'industrie moderne, — se rapprocher entre eux qu'à la faveur d'un moyen de rapport, qui, dans notre comparaison, ne serait autre que la machine.

La machine, ici, joue le rôle du tenancier.

Entre ces deux éléments, qui se détruiraient par leur contact et dont l'association est cependant indispensable, la machine sert d'intermédiaire et de diviseur commun. Elle oppose un obstacle aux conflits et sert de trait d'union dans un avantage réciproque.

C'est là ce que notre mot de tenancier caractérise.

Disons-le, par précaution oratoire : il ne faut pas non plus se faire d'équivoques sur la nature de la propriété capitaliste. La traduction de ce mot de *propriété* est multiple. Ce mot comprend des catégories de valeurs fort diverses.

Quoi qu'il en soit des valeurs qui s'énumèrent sous le même chef et dans la même accolade, le capitaliste (en dehors du domaine de l'abstraction) peut toujours être tenancier ; mais il n'est jamais manœuvre. Le manœuvre n'est qu'exceptionnellement tenancier. Le tenancier seul est quelquefois capitaliste, quelquefois manœuvre.

Sur ce pied, chez chacun de nous, dans tel ou tel temps donné, telle ou telle nuance domine telle autre. Les voies qui mènent aux diverses conditions sociales ne sont sans doute fermées à personne ; chacun peut aller plus ou moins aisément de tel à tel degré, et, tour à tour, en effet, des individus les escaladent et dans tous les sens, mais les uns à leur détriment, les autres à leur avantage, et tout le monde ne peut pas être à la fois capitaliste, manœuvre et tenancier.

Cette impossibilité constitue le fait social.

Sans cette solidarité providentielle entre les trois conditions indéfectibles dont le tenancier est l'axe, dont le capitaliste et le manœuvre sont les pôles extrêmes, la société tomberait en poussière. Leur union reste forcée pour leur utilité réciproque, quoique leurs rôles soient différents. La société seule en est la récapitulation intégrale.

C'est en cela que l'on a pu dire avec une haute raison que le capital, le travàil et le talent sont associés virtuellement depuis le commencement du monde, quoiqu'ils ne fassent pas toujours bon ménage.

Rêver l'uniformisation de ces trois forces, travailler à la solidarisation de ces trois conditions sociales au seul profit et pour le compte particulier de chaque individu, c'est tout simplement vouloir créer autant de Robinsons et d'îles désertes.

On ne réfute pas une telle conclusion, il suffit de l'exprimer.

Déterminons maintenant le rôle personnel de chacune de ces trois conditions sociales dans leur rapport avec le crédit.

Rien n'est plus simple :

Le capitaliste dispose des valeurs qui sont l'objet même du crédit, et le manœuvre n'en profite que par l'intermédiaire du tenancier qui en a besoin.

Cette harmonie ne peut être changée.

On substituerait, comme on le propose aujourd'hui, l'Etat au capitaliste, et l'association au tenancier, que la règle ne varierait pas vis-à-vis du manœuvre.

Ce serait jouer sur les mots, déménager

pour déménager, passer par le différent pour arriver au même.

Les trois personnalités que dégage notre thèse ne changeraient dans leurs apparences qu'aux yeux des gens qui se laisseraient séduire par la prestidigitation des mots, et qui se garderaient bien d'aller au fond des choses.

L'association, à proprement parler, est dans le tenancier, que tour à tour,— au point de vue de l'accident,— on appellera propriétaire, petit propriétaire, fermier, chef d'atelier ou contre-maître. La dénomination n'y fait rien. C'est à la personne du tenancier qu'en dernière analyse le crédit s'adresse indivisiblement, soit que, pour des motifs à juger en dehors de la thèse, le tenancier, devenu responsable du capital, admette le manœuvre en participation, soit que cette participation s'escompte à la faveur de la convention du salaire : double façon d'agir, indifférente aux yeux de la liberté d'action, facultative à priori, et dont tout au moins, selon les temps, les inconvénients et les avantages se balancent.

Dans sa plus simple expression, l'ordre général entre les relations communes n'offre ni rien de plus, ni rien de moins, quelque métamorphose que l'on prétende lui faire subir. On n'en retranchera pas un terme. Il est également impossible d'en imaginer un autre au delà.

Le quatrième terme de cette règle de proportion sociale ne saurait en être que l'unité.

Où cette analyse nous conduit-elle ?

Au dégagement de la condition du tenancier, responsable du crédit qui le concerne essentiellement, par exclusion (sous ce dernier point de vue) du capitaliste, qui dispose des objets du crédit, et par exclusion du manœuvre, qui n'en dispose pas, et qui n'en est pas responsable quoiqu'il en soit passible.

IV

DU TENANCIER VIS-A-VIS DU CRÉDIT.

Nous avons exclu, — dans nos dernières considérations, — le capitaliste qui peut faire l'offre des valeurs qui forment la substance du crédit, et le manœuvre, qui, dans les limites spéciales de sa condition, ne peut en faire la demande.

Ces exclusions simultanées nous ont mis en face du tenancier, dégagé momentanément de ces deux extrêmes.

Nous avons, de plus, affirmé précédemment que le crédit n'était que le résultat d'une situation donnée, publique ou particulière, politique ou domestique, et qu'il ne saurait en être autre chose que l'expression tarifée, l'étalon d'estime.

Essayons de faire l'application de ces axiomes.

Examinons d'abord le rôle du tenancier pris en lui-même, élémentairement en quelque sorte.

Ensuite nous le jugerons dans telle ou telle situation donnée, accidentelle, en France, par exemple, à l'heure qu'il est.

Le rôle essentiel du tenancier, en quelque lieu que ce puisse être de notre mappemonde, tient la place que l'on assigne communément dans les théories modernes à l'organisation du travail. Le tenancier en est le pivot, la cheville ouvrière et l'âme, n'importe l'industrie spéciale à mettre en cause, mais en cédant toutefois les honneurs du pas à l'industrie de la terre, qui fournit les matières premières en tout genre (minéraux, végétaux, animaux). Le tenancier, économiquement parlant, c'est l'exploitation même en personne, c'est la terre à mettre en friche, le chantier vivant, l'indispensable atelier de la production.

Faites abstraction du tenancier, l'organisation entière du travail disparaît.

Atteint dans la personne du tenancier, l'ensemble du champ social se métamorphose en champ de guerre. Tout à la fois le capitaliste et la théorie restent stériles; le manœuvre et la pratique sont paralysés. Si le tenancier ne les rallie, leur division persiste et s'exagère. Plus d'entente dès qu'on le supprime, ou s'il en règne une elle est mensongère, ou s'il en arrive une, c'est pour des conflits et des collisions. Son chaos est le leur; son équilibre est leur salut, son foyer leur lien de rapprochement et d'entente cordiale.

La question, ainsi dégagée et mise en lumière autour du tenancier, se réduit à savoir ce qu'il est par lui-même en France maintenant vis-à-vis de l'état et vis-à-vis de la population, non moins que dans sa situation domestique et privée, où, logiquement, les dissensions et les accords extérieurs tendent à se reproduire, puisque (ainsi que nous l'avons dit), il en est la résolution et l'intermédiaire.

Au total, la situation de ses relations sous ces divers aspects sera l'expression même et le résumé de son crédit.

Tant vaudront ses rapports, tant il vaudra lui-même sur ce point.

Nous avons mis en relief la double importance du tenancier entre le capitaliste et le manœuvre.

Il est à peu près superflu de nous suivre dans cette lecture, si nos prémisses ne sont pas admises.

Fidèle à notre point de départ, nous considérerons le tenancier tant vis-à-vis de la constitution politique de la France que vis-à-vis des dispositions actuelles de la multitude, et, surtout, vis-à-vis de sa propre situation intérieure, car c'est ou ce doit être dans sa famille que se trouvent ses premières charges et ses auxiliaires naturels, et si ses auxiliaires le renient, il sera bien près de renier ses charges.

Nous nous demanderons enfin ce que le passé lui a légué, soit en bien, soit en mal; ce qu'il doit et ce qu'il peut sérieusement se proposer pour l'avenir, et ce qui compose actuellement l'inventaire de ses forces positives pour seconder ses plans, s'il en a.

De cette triple situation, nettement établie, peut-être nous-même dégagerons-nous l'œuvre à laquelle il importe, tant aux capitalistes qu'aux manœuvres, c'est-à-dire à l'état, au pays et à sa propre famille enfin, que le tenancier se voue avec résolution.

Cette œuvre enfin devra nous donner, avec la notion de ses ressources et la formule claire de sa portée, ses stimulants personnels et ses moyens particuliers d'exécution.

V

DE LA SITUATION DU TENANCIER EN 1848.

Quoique providentielle à tous égards, comme nous nous réservons d'en donner la preuve, la révolution de 1848 ne paraît pas encore avoir eu jusqu'à présent la conscience claire de sa tâche.

Nous ne révoquons nullement en doute sa légitimité, car nous croirions commettre un blasphème.

Nous ne jugeons que les actes, et nous voulons la devancer dans les vues qu'elle doit poursuivre ; c'est à ses instincts que nous empruntons volontiers des lumières.

Avant 1848, depuis le moyen âge, grâce à la centralisation administrative, le capitaliste s'était progressivement emparé de la prépondérance politique, et faisait loi.

L'histoire de nos derniers siècles témoigne de ce fait, contre lequel on a protesté par trois révolutions.

Depuis 1848, le manœuvre, incertain dans son action, que rien ne rallie et qui ne saurait prendre corps, l'emporte manifestement au scrutin par ses nombres.

Mais le morcellement de ces nombres entre mille et une théories fait sa faiblesse relative.

A son tour, le manœuvre tient l'essor industriel et le crédit en état de siége.

Ce qu'il y a de plus sensiblement énergique dans la pression que le manœuvre exerce en ce moment sur la respiration sociale est précisément, à la vérité, ce qui nous garantit la fin la plus prochaine de la crise.

La situation est trop tendue pour se prolonger indéfiniment.

La raison a plus vite raison dans les temps d'extrême nécessité : l'adversité réduit les hommes au bon sens.

Dégagé de l'arbitraire excessif du capitaliste, le tenancier se trouve aujourd'hui sous l'arbitraire excessif du manœuvre.

Et cependant le tenancier, tant à leur profit qu'au sien, a besoin que pas un d'eux ne s'écarte du niveau dont il est le foyer régulateur.

C'est à son propre niveau qu'il doit les ramener simultanément.

L'égalité, qui fait, à bon droit, le fond

des postulations les plus nombreuses, ne règne pas plus aujourd'hui qu'elle ne régnait hier entre ces trois éléments; et, tour à tour, les deux extrêmes se sont compromis en compromettant l'un après l'autre la position de leur intermédiaire commun.

Tel est le vice de la situation du jour.

Il se résume en deux contrastes, dont le premier terme ne pouvait se corriger que par des révolutions, dont le second ne demande absolument que de la logique.

Nous avons passé de l'individualisme du cens, où la propriété tenait lieu de principes, au cens de l'individualisme, tenté de ne demander ses inspirations qu'à la force.

Il importe ici de mettre en lumière que l'élément de la famille, porté jusqu'aux nues par ceux qui le tiennent en échec depuis plus de deux cents ans, et mis en suspicion à ce titre par leurs adversaires, qui devraient s'en faire sérieusement une arme, ne figure que comme une lacune immense, dans l'inventaire du suffrage universel, base politique du pays.

Suffrage universel, soit! Voilà le mot. Quand revendiquerons-nous la chose?

Il s'agit, en y regardant à fond, de vingt-cinq millions de voix de moins dans l'appoint de nos destinées républicaines.

Mineurs, femmes et absents comptent dans la réalité, sinon dans le scrutin.

N'en fait-on pas trop bon marché de part et d'autre dans les camps extrêmes?

Il faut le dire, c'est par cet élément, qui stimule avec une égale énergie le capitaliste sérieux et le manœuvre sincère, que, en France et dans les civilisations modernes, tous, tant que nous sommes, nous participons du tenancier.

Le capital et le travail, pris dans la réalité de leurs tendances réciproques, n'ont souci de s'alimenter, en effet, qu'en vue de satisfaire aux besoins de la famille, dont le groupe, socialement considéré, se résume tout entier dans son chef, chargé nécessairement d'être le soutien de la vieillesse et de l'enfance.

En tant qu'il est dans l'obligation permanente d'agir au profit des siens, et d'agir par le capital sur le travail, —

TOUT CHEF DE FAMILLE EST ÉMINEMMENT TENANCIER.

Or, sous la politique arbitraire du capitaliste, comme sous la politique arbitraire du manœuvre, la famille est tour à tour spoliée de ses immunités et de son rôle ; victime d'un contresens, tenue en dehors de ses influences ; tantôt à la merci de celui qui possède tout, tantôt à la merci de celui qui ne possède rien.

L'intérêt conciliateur est étouffé par le choc

des intérêts hostiles, et l'élimination de la famille emporte l'élimination du crédit.

Les garanties qu'exige la circulation du crédit s'éclipsent de la scène politique, en même temps que le rôle de la famille.

Ces considérations prennent forcément la préséance dans la discussion des problèmes qui se rattachent au crédit foncier.

Pendant le règne abusif du capital, le bien fonds s'est grevé d'hypothèques, au préjudice des salaires.

Tant que les revendications des manœuvres conserveront un caractère menaçant, le bien fonds verra sa valeur dépérir au détriment des revenus.

Le même acte législatif qui dégagera le tenancier de ce cercle vicieux, en lui restituant son influence méconnue, le relèvera vis-à-vis du crédit et de ses propres obligations, et le mettra, comme cheville ouvrière de l'œuvre qu'il faut absolument aborder de nos jours, à même de prendre un rôle héroïque et salutaire, auquel, dans l'état présent des choses, il serait de la plus haute extravagance qu'il aspirât.

Ce jour-là seulement la révolution aura complété son évolution logique, et mis fin à des représailles qui sont fatales à l'existence même de la démocratie.

VI

DE LA PRÉPONDÉRANCE SOCIALE DU TENANCIER OU CHEF DE FAMILLE.

Nous venons de dire que tout chef de famille est essentiellement tenancier, et que le tenancier, sous la politique arbitraire du capital, comme sous la politique arbitraire du manœuvre, avait été constamment étouffé entre ces deux éléments sociaux, qui, au lieu d'être ses auxiliaires, sont devenus, par le fait, ses adversaires et ses oppresseurs.

Si le titre de père de famille n'est pas un

principe effacé de nos mœurs, il est singulièrement entamé par nos lois politiques.

Ce titre, vu les attributions qu'il entraîne, peut être considéré comme un privilége : nous le concédons.

Mais on nous concédera que ce privilége s'exerce, en thèse ordinaire, au profit commun, et que, par le fait, il est indestructible.

On peut le combattre et le restreindre à certains égards ; on ne peut pas l'universaliser.

Même sous l'empire de nos lois, qui confèrent le titre et les droits de citoyen à tout individu mâle âgé de 21 ans, le père de famille présente encore la masse la plus énergique d'intérêts vivants et connus.

En vain sa femme, ses filles et ses mineurs sont-ils exclus de la vie politique ; il pèse de tout leur poids et du sien dans la balance de la vie sociale.

La prépondérance de ces intérêts se résume en lui.

Sa vie est collective.

Détenteur du bien de la famille, il en a le maniement exclusif jusqu'à sa mort.

Et son pouvoir vis-à-vis des siens est tel, qu'il est presque impossible de déterminer à temps, dans une foule de cas, où commence l'abus, où cesse l'usage.

L'interdire et le mettre sous la curatelle, ce n'est pas changer les termes de la question, mais en confirmer le principe.

Le crédit ne s'adresse qu'à lui seul, et suppose sa préséance dans toutes les stipulations.

Toutes les obligations incombent à sa charge.

L'étendue de son rôle dans l'intérieur domestique simplifie le rôle de la société vis-à-vis de l'universalité de ses membres, dans la proportion du nombre des groupes de familles à celui des individus qui les composent.

Les embarras dont on entoure le père de famille ajoutent d'autant aux embarras du pays entier.

Ce qu'il perd en crédit politique à la face du monde est également perdu pour le crédit commun.

Toutes les transactions sont atteintes par là dans leur chef de file.

Son effacement se traduit par notre chaos.

En dehors de l'influence du chef de famille, il n'existe que des individus; et l'équilibre social est mis en échec par tout ce qui tendrait à lui tenir tête.

Toute espèce d'antagonisme sur ce point

capital ne constitue que le chaos et le trouble.

L'établissement républicain souffre en ce moment des victoires que les mœurs de nos derniers siècles ont successivement remportées contre les priviléges naturels du père de famille.

Le père de famille ne peut tout à la fois peser plus dans la balance des devoirs sociaux et peser moins dans la balance des pouvoirs politiques, être invoqué comme chef de file dans les matières de crédit et réduit à son individualité simple dans le scrutin, quel que soit d'ailleurs le nombre des charges qui lui restent, sans qu'un pareil équivoque, réverbéré d'ailleurs dans six millions de ménages, ne tourne logiquement au détriment universel.

Chacune de ces deux positions est le démenti de l'autre.

De là nos révolutions en permanence, et

le peu de racine des établissements qui se sont tour à tour produits depuis 1789.

Nous sommes exclus tout à la fois du progrès et de la stabilité.

Pour son propre et privé compte, quel établissement le père de famille oserait-il tenter ? Et qui serait assez hardi que de lui en fournir les moyens, si dans un prochain avenir la prépondérance de sa voix dans les transactions domestiques peut être législativement mise en échec ?

On se retire tout ce qu'on lui dérobe.

Il faut que le scrutin emporte la famille, ou que la famille emporte le scrutin.

Il faut aller jusqu'aux théories de Platon, pulvériser la famille, émanciper la femme, donner le mineur à l'Etat, et devant la loi politique ne faire aucune acception des différences individuelles d'âge et de sexe.

Ou bien, il faut restituer sérieusement sa prépondérance au père de famille, en l'investissant d'un droit de suffrage proportionnel au nombre d'obligations domestiques dont il reste chargé par le fait.

La logique nous place dans cette alternative.

Tant qu'il règnera de l'équivoque entre la législation politique et le fait social, le crédit public et privé subira les rigueurs de l'état de siége.

VII

LE SUFFRAGE UNIVERSEL

OU

PRÉPONDÉRANCE POLITIQUE DU CHEF DE FAMILLE.

Disons-le ! — tel qu'il existe aujourd'hui, *le suffrage n'est pas universel.*

Le mot n'est ici que la promesse et l'ironie de la chose.

Et, en effet,

Les chiffres des listes électorales répondent-ils sincèrement à la statistique de notre population?

Et

Avons-nous la conscience, chaque fois que le scrutin est ouvert, que la majorité des suffrages inscrits actuellement dans les recensements électoraux de la France entière se soit prononcée d'une manière absolue ?

Pas le moins du monde.

D'un côté :

Les listes électorales se trouvent en déficit de 25 millions d'âmes, femmes et mineurs, que le suffrage, *dit universel*, tient totalement en éclipse,— en dépit de sa qualification, —

En dépit de leur existence, qui les place au rang des individus;

En dépit de toute idée de civilisation, dont les femmes et les enfants sont, il faut bien le dire, le ciment, l'objet et l'âme;

En dépit surtout de ceux qui sont chargés

du sort de la femme et des enfants, nul argument, brutal, sérieux ou digne, ne pouvant priver ceux-ci du droit de les représenter, du moment qu'ils les résument dans l'ordre civil.

D'un autre côté :

Le relevé des voix qui sont déposées dans l'urne démontre que le conflit des élections se passe trop fréquemment entre moins des deux tiers du pays, et que, relativement au nombre déjà si restreint des suffragants, c'est encore dans la plupart des cas une minorité qui l'emporte.

Sur 12 millions de voix, 5 ou 6 millions s'abstiennent, et le reste se transforme en majorités ou en minorités relatives.

Au fond, et devant la France,

Ces majorités peuvent être des minorités;

Ces minorités peuvent être des majorités.

En dernière analyse, nous ne savons rien de certain, rien de positif sur l'opinion et les volontés du pays.

L'arène politique est métamorphosée en loterie et le suffrage universel en mensonge.

Si des minorités effectives, et doublement effectives, puisque, d'une part, la famille est frustrée de son appoint naturel, et que, d'autre part, la majorité de fait reste dans la coulisse; si, disons-nous, des minorités effectives ont la chance d'escalader alternativement le pouvoir sans que l'expérience établisse jamais quel peut être le courant stable du pays,

Comment veut-on que le crédit national et le crédit particulier s'affermissent, et que des institutions solides puissent se fonder en présence d'éléments aussi faux, aussi éphémères ?

Nous vivons en perspective d'une bascule

permanente, entre les feux croisés de la réaction et de la révolution.

Pour sortir de la crise qui dévore le pays, il faut, de toute nécessité, donner des gages à la famille, source de tout crédit, en restituant au suffrage universel son véritable sens, sa véritable acception, sans tomber, soit dans le ridicule, soit dans le scandale de l'individualisme.

Un jeune homme de 21 ans, libre de toute charge et de toute responsabilité, ne doit pas peser au scrutin le poids de la famille entière.

Minorité de fait, il deviendrait majorité de droit.

Six, sept, huit intérêts ne vaudraient pas plus alors que le sien.

Il balancerait à lui seul le foyer domestique.

L'iniquité frappe ici l'égalité.

C'est la liberté dont on se moque et la fraternité que l'on outrage.

Admettons l'individualisme, mais dans ses proportions.

L'individu compte pour lui seul et n'a rien de plus à réclamer.

Le père de famille compte pour plusieurs et réclame le droit de se porter fort pour eux.

Procédons à la délivrance du chef de famille, pour qu'en revanche il procède à notre délivrance sociale.

Car, en le frappant de stérilité politique, nous frappons le crédit en personne.

Il est le gage du capital, il est surtout le foyer du travail, dont sa famille est le premier élément.

Il y a donc un intérêt social à décréter : —

QUE LE SUFFRAGE POLITIQUE DE CHAQUE CITOYEN FRANÇAIS SERA PROPORTIONNEL AU NOMBRE INTÉGRAL DE SES OBLIGATIONS DOMESTIQUES.

Sans cette loi,

POINT DE CRÉDIT.

Le capital, à moins d'une témérité exceptionnelle, ne saurait en effet contracter avec le père de famille dans la situation équivoque où la première de nos lois organiques tient chaque détenteur du patrimoine.

Et celui-ci ne saurait être le promoteur du travail tant que sa prépondérance naturelle se trouvera mise en échec devant le scrutin.

Le droit de suffrage proportionnel admis, il nous reste à faire connaître le moyen d'obtenir l'unanimité des votes du pays, c'est-à-dire des 35 ou 36 millions de voix qui doivent parler dans chaque élection.

VIII

DU VICE DE L'ABSENCE EN MATIÈRE ÉLECTORALE ET DE SON CORRECTIF.

La progression des absences à l'époque des élections met largement au jour un vice de nos institutions naissantes.

Ces absences, dont le temps semble devoir exagérer le nombre, travaillent plus efficacement que les animosités rivales des partis eux-mêmes au discrédit éventuel de la République, tant chez nous qu'à l'extérieur.

Les partis qui vivent au jour le jour de tout

ce qui porte échec à l'intérêt national, ne se plaignent de ces absences qu'à leur point de vue personnel, sous le coup du moment, lorsque leur vanité saigne et que l'accident de la chance a tourné contre eux.

Nos considérations, Dieu merci, partent d'une politique plus élevée.

Le droit électoral est une servitude civique, comme la redevance du sang, comme la quote-part de l'impôt.

Toute famille française est triplement contribuable, dans la mesure de sa puissance et de l'intérêt commun.

Nous ne reconnaissons que le triple malheur de l'infirmité de l'esprit, de l'infirmité du corps et de l'indigence, qui puisse exempter une famille de ces trois servitudes spéciales.

Où il n'y a rien, la République perd ses droits.

Dans des circonstances exceptionnelles, lorsqu'il serait trop onéreux d'être soldat, on se fait remplacer sous les drapeaux.

Lorsque le jeune conscrit est absent le maire tire au sort pour lui.

On peut également revendiquer un chargé de pouvoir électoral.

Ce sont trois circonstances identiques.

La liberté n'est et ne peut être dans aucun cas le droit de s'abstenir en présence d'un devoir.

La liberté, dans ces divers cas, se traduit par une compensation arbitrale.

En principe, chaque citoyen compte à titre de fraction dans l'entier de la République, et pèse indéfectiblement dans le droit souverain.

Que le citoyen use de son suffrage dans le

sens de sa conscience, rien de mieux; mais il n'a pas le droit de s'éliminer de l'urne.

Tel était l'esprit de la loi de Solon, dont les érudits ont tant parlé.

Il est de l'essence d'un pays libre de rester en permanence vis-à-vis de lui-même.

L'ordre qu'il a voulu fonder à son profit n'a de solidité positive que dans la proportion des sacrifices que chacun de ses citoyens fait à la liberté.

Lorsque la France parle, ce ne peut être qu'au grand complet.

La France n'est pas le tiers, le quart ou la moitié de la France seulement; c'est toute la France.

L'esprit réactionnaire, dont l'aveuglement persiste encore après trois mémorables leçons, est poussé, par le fait des absences dans les rangs des électeurs, à conclure insolemment qu'un sophisme législatif, ou le tour de force d'un prestidigitateur, suffira pour déposer la République, et reconstituer, aux applaudissements du pays, le gouvernement tant de fois foudroyé de l'aristocratie censitaire.

Et de fait, comment croire à la longévité des établissements politiques dont les deux tiers de la nation s'abstiennent.

Une majorité de scrutin n'est plus alors, en ce cas, qu'un peu plus du sixième de la France.

Il importe à l'établissement républicain de porter le cachet de trente-six millions d'âmes.

Rouge ou bleue, noire ou blanche (pour parler ici le jargon du jour), nulle espèce de minorité ne saurait prétendre à s'adjuger le gouvernement de notre pays par surprise.

Le despotisme que s'arroge la faiblesse engendre à tour de rôle des répressions inverses.

L'élection est intégrale ou mensongère.

Les majorités relatives dont on se contente aujourd'hui rentrent, à nos yeux, dans le néant des fictions constitutionnelles, auxquelles, ce nous semble, 1848 a prétendu mettre un terme.

Fictions ou mensonges, c'est tout un pour nous.

Afin de remédier au vice de l'absence, qui leur fait jeter les hauts cris lorsqu'ils y perdent, les adversaires de la République ont proposé tour à tour des moyens ignominieux ou puérils dont nous n'avons pas à nous faire les complices, même en leur préférant le *statu quo*.

Ainsi, par exemple, nous trouverions absurde la loi qui proposerait de frapper l'absent d'une amende.

L'exercice du premier de tous les droits civiques ne peut avoir pour sanction et stimulant la pénalité pécuniaire.

Son échelon est d'un ordre plus élevé.

Pas de matérialisme dans la sphère de l'ordre moral.

L'honneur ne saurait être stimulé que dans la région même de l'honneur.

L'impossibilité matérielle pour le fisc de rentrer dans le total de cette amende, si les deux tiers des électeurs persistaient à s'abstenir de leur droit, frappe aussitôt l'esprit le plus lourd et le plus grossier sens commun.

L'argument de l'indigence est d'ailleurs un de ceux devant lesquels il importe que la pudeur publique s'arrête avec un sentiment de respect.

Toute menace dérisoire placerait l'indigence au dessus de la loi.

Le but ne serait pas atteint.

Nous demandons que la sanction pénale soit au niveau de la question d'honneur.

Créons un organe aux absents.

Instituons au chef-lieu de chaque arrondissement, pour suppléer à l'absence, un délégué facultatif pris dans tels ou tels cadres organisés déja, par exemple dans chaque conseil municipal, produit lui-même de l'élection, et présentant, par cela même, toutes les garanties désirables (1), lequel, huit jours après le recensement des votes de toute la circonscription, serait chargé de défalquer le chiffre de l'absence et de voter pour elle.

De même, qu'au sujet d'un refus illégal en matière d'impôt,

De même qu'à l'égard des réfractaires, —

---

(1) Nous donnerons prochainement le plan de l'organisation de la commune.

Votons pour la saisie du suffrage universel de l'absent et pour son exécution provisoire.

Si l'électeur est récalcitrant, c'est une pénalité.

C'est un soulagement, si l'électeur peut objecter des embarras.

Cette institution, bien considérée, serait purement comminatoire ;

Elle suspendrait une épée de Damoclès sur le front des indifférents politiques;

Elle réveillerait l'émulation, et créerait le point d'honneur électoral.

Tel est insouciant, ou se donne pour tel, qui se montre jaloux de ses droits, et se défend bien de les abandonner à d'autres, — si ce n'est en désespoir de cause et lorsqu'il se trouve dans l'impossibilité d'agir autrement.

On peut négliger l'exercice de ses droits, et ne pas vouloir que d'autres s'en servent.

La thèse change avec l'hypothèse.

Quiconque ne se présente pas perd le droit de protester contre l'expresion du suffrage, et ne peut réclamer le droit de faire une banqueroute électorale au pays.

Compromis ou non par l'événement, il perd le droit de se plaindre que la loi l'ait pris en traître, lorsqu'il a mis de la persévérance à s'abstenir.

Le suffrage est un impôt d'honneur, une dette sacrée.

Comme dans le procédé de l'assurance, la société positive saisit l'associé négatif.

Les vides électoraux, en s'élargissant de plus en plus, énervent l'autorité du suffrage universel dans le for des consciences, et la cause de la République y perd un appui moral.

Nous ne possédons jusqu'à présent que la parodie et la dérision de l'institution électorale, en dehors de laquelle il n'y a cependant pas de salut pour la France.

Ce que l'on retranche à l'exercice des droits électoraux, on l'ajoute en probabilités aux chances de la guerre civile.

Ne donnons-nous pas à l'Europe entière, qui finira par hésiter à suivre nos traces chancelantes, le scandale d'un pays qui marche encore à la tête des civilisations et que l'on regarde comme chargé de leur mot d'ordre, mais qui ne sait pas ce qu'il fait, et qui ne sait pas faire ce qu'il veut.

L'incertitude du pays engendre le découragement, et nous retire le bénéfice du soutien généreux des peuples, tentés autrefois de marcher sur les traces de la France.

Nous nous effaçons nous-mêmes de l'ordre du jour européen.

Après tant d'écroulements dont elle est plutôt la victime que la cause, mais qui la mettent en demeure de saisir ses propres rênes, la France, qui ne peut que gagner à cette substitution, resterait certainement engagée dans les voies de la République si nous possédions une législation franchement républicaine.

Le couronnement de la République ne dépend pas, dans notre conscience, des collisions qui se passent dans les rues.

En dépit des entraves, ce couronnement résulterait surtout de la logique des propositions qui compléteraient les lacunes de nos lois organiques.

La République, c'est le droit, pour la France, de s'inféoder à sa volonté réfléchie, et de ne reconnaître, en aucun temps, d'autre sceptre que celui de sa conscience.

Après les trois attaques d'apoplexie des anciens pouvoirs, il faut réellement songer à devenir libres.

Oublions un instant les hommes et les petites rivalités du jour, si mobiles d'ailleurs, pour les invariables intérêts de la France.

Les personnalités sont éphémères, et passent comme des ombres.

Les principes sont éternels et demeurent comme des lumières.

Nous avons toujours vu les triomphes artificiels des minorités s'effacer du jour au lendemain dans les représailles et devant l'autorité du nombre.

La réaction, pour son compte, a parodié cet argument pendant les entr'actes de 1789, de 1830 et de 1848.

Si l'argument est spécieux contre nous de sa part, il est formidable contre elle de la nôtre.

Les contre-révolutions de détails ramènent

des révolutions d'ensemble, et ces comédies politiques ont toujours d'assez tristes dénoûments.

Proclamons l'absolutisme de la sincérité ; ce sera du neuf.

C'est avec l'unanimité des élections qu'il nous importe de fermer le gouffre.

Une législation républicaine ne saurait, sous aucun prétexte, accepter la démission plus ou moins considérable d'une partie des citoyens.

Pourquoi constituerions-nous l'absence dans son tort, lorsque nous sommes à même de la constituer dans son droit.

L'ordre ne doit ni péricliter ni s'abandonner sous aucun prétexte.

En mathématiques électorales, le numérateur est égal au dénominateur, et la fraction ne représente pas l'entier.

Pour que le gouvernement ne louvoie plus à l'avenir, il faut que le souffle de la majorité gonfle ses voiles.

De toute autre façon, l'état et la société sont exposés réciproquement à demeurer dans l'équivoque.

L'assentiment moral n'a de verve qu'avec la certitude de la prépondérance numérique.

A la faveur du mode actuel, un pouvoir placé en face de l'intérêt de sa propre conservation est toujours tenté d'altérer le chiffre des suffrages, et d'en éclipser la valeur morale dans les consciences, rien qu'en choisissant de propos délibéré, pour la convocation des électeurs, tantôt l'époque des récoltes, tantôt celle de longues pluies ou des froids rigoureux, tantôt l'à-propos d'une épidémie.

Les élections franchement faites sont la tombe des factions.

Tenons donc la main à ce que, contumace ou non, tout suffrage reçoive son accomplissement, par provision s'il le faut, et comme on dirait *en effigie*, sauf au suffragant contumace, et lorsque sa conscience en appellerait contre lui-même, à purger le fait de sa libre absence aux assises des élections ultérieures.

L'institution complémentaire du délégué facultatif, que nous appelons de tous nos vœux, dût-elle ne nommer d'abord que des réactionnaires, nous n'en serions pas intimidé.

Son implantation sur notre sol n'en serait pas moins démocratique en essence.

Il n'est pas possible que l'instrument de l'équité tourne toujours au désavantage de l'équité.

IX

LA FAMILLE ET LE CRÉDIT.

Nous voulons des institutions sérieuses de crédit; nous devons en vouloir les moyens.

En thèse, la solidité du crédit national est proportionnelle à la prépondérance politique du chef de famille.

Les femmes et les mineurs, par cela seul qu'ils existent sur une terre de franchise, ont, chacun d'eux pour son propre compte, une action sociale dans les affaires du pays.

Le chef de famille est de toute nécessité le titulaire de cet ensemble d'actions sociales.

En dernière analyse, il est le tenancier du patrimoine commun de son groupe.

Les enfants majeurs ne jouissent de la part maternelle ou paternelle qu'à des conditions restrictives de survie ou d'accommodement, selon le régime sous lequel ont contracté les père et mère.

Il importe en bonne police que les droits politiques du chef de famille soient au niveau de ses devoirs, afin qu'il ne soit pas tenté d'abdiquer ses obligations et de les considérer comme un titre onéreux.

Le présent et l'avenir des enfants y perdraient de plus d'une manière.

Lorsque, chez un peuple, l'équilibre se rompt entre les droits et les devoirs, et que, grâce à la maladresse du législateur, les pouvoirs n'en sont pas l'expression sincère, la naturalité même de ce peuple est, dans dans un délai rapide, mise en question.

Les institutions de crédit n'ont leur point de départ que dans le rôle officiel de celui dont la personne résume civilement l'unité de la famille.

Partout où l'organisation du suffrage politique procèdera en contresens de ce rôle et le tiendra législativement en échec, les moindres paniques suffiront pour suspendre la circulation de l'argent et le travail des ateliers.

Dans un territoire dont la législation est uniforme, l'altération des rapports sociaux est proportionnelle à l'altération des lois primordiales du foyer domestique.

Le crédit public a sa personnification officielle dans l'ordre social, et sans le respect de cette personnification, l'ordre se trouve, soit simultanément, soit tour à tour, assiégé par deux extrêmes, l'usure ou l'insurrection.

Leur simultanéité, c'est l'anarchie.

L'usure est un fléau cruel pour les nations, et qui s'aggrave dans la mesure du morcellement des familles.

Ce fléau s'affaiblit et se transforme en auxiliaire généreux dans la mesure de la vigueur de leur association.

Sous le règne exclusif des capitalistes une nation se décompose par degrés.

Avec le triomphe exclusif des multitudes, lorsque le principe de la famille ne tempère pas leur action, une nation est en proie à des attaques d'apoplexie.

La France a passé de l'individualisme du cens au cens de l'individualisme.

L'œuvre de sa délivrance ne procédera que de l'extension intégrale du principe républicain.

La dénomination du suffrage universel ne

sera parmi nous qu'un mensonge qui portera ses fruits tant que le législateur en soustraira vingt-cinq millions d'intérêts, et tant qu'il tolérera que des minorités accidentelles aient le droit de prévaloir au scrutin contre l'absence des majorités normales.

La vérité démocratique exige que le suffrage de chaque citoyen français âgé de 21 ans soit proportionnel au nombre de ses obligations domestiques.

Des délégués facultatifs, institués par la loi, doivent aussi, trois jours après la récapitulation officielle des votes libres, compléter la manifestation du suffrage universel, en se portant fort pour les électeurs qui se seraient abstenus de propos délibéré.

La législation sortie du sein des assemblées délibérantes porterait ainsi l'estampille de trente-cinq millions d'âmes.

La longévité de l'établissement républicain trouverait dans ce principe son affermissement radical, au bénéfice d'une foule de peuples, qui réformeraient leurs institutions à l'instar de la France.

La submersion de la famille submerge le crédit.

Dans les conditions actuelles, les vicissitudes de la guerre civile, évidentes ou masquées, sont fatalement inévitables.

Nous flottons entre deux tyrannies également préjudiciables aux forces extrêmes qui se disputent en ce moment la prépondérance.

L'intervention de la famille est de droit et dans l'intérêt du salut commun.

La fraternité souffre dans tous les groupes.

L'égalité réclame hautement pour les intérêts éliminés par le législateur.

La liberté déprave son action au milieu de ce conflit anarchique.

La république a voulu la prépondérance des plus grands nombres, et la représentation complète de tout ce qui respire au soleil de la France.

Le retour de la France à la logique de ces principes étendra rapidement en Europe le bénéfice des véritables institutions républicaines, qui ne sont pas et ne peuvent pas être incompatibles avec le crédit.

C'est dans cette voie que nous concilierons le progrès, qui réclame la mobilité, avec le crédit, qui réclame la stabilité.

X

LE GAGE DU CRÉDIT.

Le chef de famille peut seul nous apporter le rameau de la paix, et devenir l'éditeur responsable des œuvres du crédit réhabilité.

C'est lui seul, et par privilége naturel, qui possède le sol, au moins dans le sens d'une incontestable occupation de fait, et qui, par la possession du sol, possède le gage du crédit,

Puis,

Qui, par la disposition de ce gage au gré

de ses vues de *tenancier patrimonial*, — se trouve avoir seul la haute main sur la reprise universelle des travaux.

Mais les anticipations successives de plusieurs générations sur le patrimoine ont grevé le gage du crédit d'une dette formidable, et le système fatal de l'expropriation absolue en a réduit la valeur à son expression la plus basse.

D'où cette conséquence,

Que, ne trouvant plus dans le gage les garanties normales qui lui sont nécessaires, le capital s'est retiré de la propriété, et que l'usure est venue ravager nos campagnes.

La situation actuelle de la propriété, c'est-à-dire du gage du crédit, se résume en deux mots.

Ces deux mots donnent son inventaire social.

La propriété doit 12 milliards 450 millions.

L'œuvre première que doit se proposer la République, à moins de se constituer l'héritière des fautes et des catastrophes que nous a léguées la génération passée.

C'est :

Le dégrèvement, autrement dit la liquidation régulière de la dette territoriale, dans l'intérêt même de la génération future, et la conciliation du capital et du travail autour du gage du crédit enfin régénéré ;

C'est :

La substitution du système de l'expropriation temporaire au système de l'expropriation absolue et dépressive,

La dernière étant funeste,

La première étant notre salut.

Tel se libelle à nos yeux le programme que doit se poser franchement la République.

L'idée politique, l'idée sociale, s'y réunissent dans de franches proportions.

— Sans la liquidation du passé, pas d'avenir.

—Sans avenir, pas de crédit pour le présent.

En déblayant le terrain sur lequel ses fondations portent, notre génération prépare une perspective d'autant plus glorieuse à ses descendants, qu'ils seront libres d'user, à leur tour, de la résurrection du crédit, dans un intérêt d'ordre supérieur dont leur propre postérité profitera comme d'un exemple à transmettre encore.

Mais pour qu'elle soit radicale, il faut qu'au moyen d'un stimulant énergique, l'œuvre absolue de notre libération financière soit restreinte dans le cercle d'une génération isolée.

Le problème paraît gigantesque au premier abord.

Il ne l'est pas.

Et nous l'avons résolu.

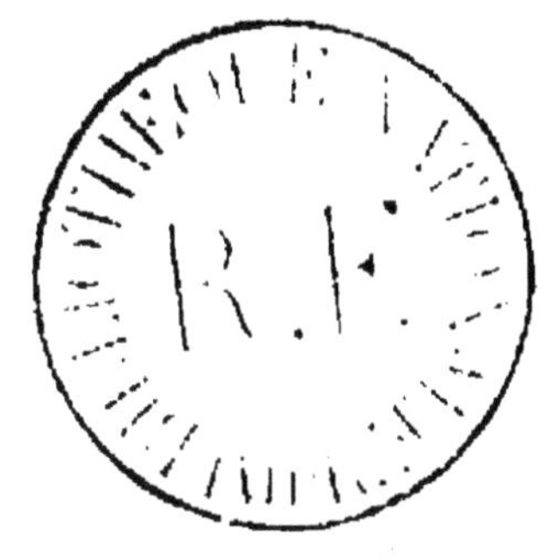

XI

DU DÉGRÈVEMENT DE LA PROPRIÉTÉ.

On a dit de la propriété : c'est le vol.

Nous dirions plutôt, nous, que c'est une chimère.

Examen fait, en dépit de ce nom passablement ambitieux de *propriétaire* qui continue de circuler encore autour de nous, on aperçoit en réalité des hommes de peine, courbés sous un fardeau de vieilles redevances, tournant et retournant un sol, dont, en moyenne, le titre est engagé pour le tiers, au moins, de ce que nous pourrions appeler sa valeur nominale.

Sa valeur de fait, par conséquent, s'il était (ce qui ne se peut) loisible de la réaliser, est à l'excès dépréciée dans nos consciences.

Et, ce qu'il ne faut pas se dissimuler,—ce fait expliquant à la fois les terreurs et les exactions usuraires du capital, — l'héritier du titre mis en gage est peut-être plus compromis, en ce moment, que l'héritier du sol.

Le fait est du côté de celui-ci ; le droit du côté de celui-là.

Si possession vaut titre, titre ne vaut pas possession.

Qui donc expropriera l'autre?

Tous, tant que nous sommes, dans cette situation où les fictions se mêlent, que sommes-nous, sinon de simples tenanciers, des fermiers, des locataires?

On a les charges de la propriété; nul n'en possède les avantages.

Qu'un siècle de plus nous entraîne de quelques degrés encore sur cette pente, et les conditions respectives deviendraient absolument intolérables, vu que la cause originelle de cet état de choses s'aggrave et se perpétue à la faveur du système d'ajournement auquel chacun paraît être en disposition prochaine de s'abonner, ne fût-ce que pour avoir le loisir de respirer quelques minutes avant de reprendre, comme auparavant, le collier de misère.

Les générations s'usent progressivement dans ce cercle vicieux.

La dette s'accroît, et, par cela même, le cercle fatal se restreint.

Il faut le franchir.

Il existe un grand-livre de la DETTE PUBLIQUE.

Créons

Un grand-livre de la DETTE TERRITORIALE.

Que toutes les dettes hypothécaires existantes, jusqu'à concurrence de la moitié de la valeur des propriétés grevées, soient converties en inscriptions de rente *du grand-livre de la dette territoriale,*

Soit nominatives,

Soit au porteur.

Ces inscriptions de rentes seront cotées et négociées à la bourse, comme les inscriptions du *grand-livre de la dette publique.*

L'état en paiera l'intérêt à 3 p. 100.

Par le fait de la délivrance des inscriptions de rente, le propriétaire sera libéré du capital emprunté, et sa propriété dégagée vis-à-vis du créancier.

En retour il contractera l'obligation de payer chaque année à l'état (sauf faculté de rachat) une *redevance viagère* dont le taux sera déterminé d'après l'intérêt à 3 p. 100 et les chances de longévité du *propriétaire dégrevé.*

Cette redevance viagère, qui sera recouvrée dans la forme de l'impôt, par voie de contribution, sera hypothéquée sur la propriété,

Laquelle

SERA LIBRE DE CETTE CHARGE PAR LA MORT DU PROPRIÉTAIRE DÉGREVÉ, A QUELQUE ÉPOQUE QU'ELLE ARRIVE.

Chaque année, la somme totale des redevances payées par les *propriétaires dégrevés* sera employée à l'amortissement, par la voie du sort et au pair, d'une somme égale d'inscriptions de rentes du grand-livre de la dette territoriale.

Le chef de famille entreverra ainsi, dans un temps probable, et avec certitude, la pleine et entière libération de ses enfants. Il s'arrangera en conséquence, il redoublera d'activité dans cet espoir, de concert avec les siens, dont il aura la consolation d'apercevoir l'affranchissement.

De la sorte, l'œuvre de la libération du sol s'accomplira dans l'espace d'une génération,

Et cela,

D'un consentement unanime,

Sans faire appel au papier-monnaie ou à l'assignat, qui n'ont de valeur que lorsque la paix en donne à tout, et qui déprécient tout le reste par leur propre dépréciation, dans les autres temps.

Voilà pour le passé et l'avenir.

Pour le présent,

Il faut jeter les bases de la constitution du véritable crédit territorial.

XII

CONSTITUTION DU CRÉDIT TERRITORIAL.

Sur les bases précédentes, le dégrèvoment de la propriété étant acquis en fait, la constitution du crédit territorial en ressort d'elle-même.

Aucun des systèmes proposés dans ces derniers temps ne résout le problème de la constitution du crédit foncier.

Quelques uns ont déjà été mis en œuvre; le résultat a donné la mesure de ce que l'on devait en attendre.

Celui-là même qui paraît avoir le plus de chances de réussite,—l'amortissement annuitaire,—ne sauvegarde ni la famille, ni le capital, et l'expropriation absolue dépressive est au bout. Il a le fatal inconvénient, comme les autres, de charger la génération future du paiement ultérieur de la dette patrimoniale.

Le crédit territorial ne peut être constitué d'une manière utile et durable qu'à la condition de changer radicalement la théorie du remboursement.

AU REMBOURSEMENT FIXE,

Il faut substituer :

LE REMBOURSEMENT ALÉATOIRE.

L'amortissement, dans ce système, repose sur la longévité même de l'emprunteur.

La longévité paie.

Elle paie peu s'il vit peu.

Elle paie intégralement s'il vit son âge moyen.

Elle paie plus s'il dépasse cet âge.

A la mort tout est dit.

L'emprunt a fait du propriétaire un fermier, tenancier temporaire d'un créancier temporaire.

Le sol, délivré par sa mort, fait retour aux enfants ou à la veuve, dans la mesure de leurs droits respectifs.

Sauf, comme de juste, aux héritiers réintégrés dans leur domaine redevenu libre, à suivre, s'ils le jugent bon, l'exemple déjà donné par leur père, et cela dans l'intérêt de leurs plans personnels en matière d'amélioration.

Ainsi restreinte à la durée de la vie moyenne, la dette hypothécaire de chaque génération ne menacera plus de s'éterniser en s'accumulant à la charge de l'avenir, système funeste et impie, suivi par la routine depuis Henri IV, qui (finalement) s'est traduit par l'énormité de la dette territoriale, qui s'élève à plus de

DOUZE MILLIARDS.

L'emprunt et le remboursement, basés sur le mode aléatoire, ne doivent plus dorénavant s'opérer tous les deux comme ils ont eu lieu jusqu'à ce jour, c'est-à-dire sans règle, au hasard, sous le coup de l'arbitraire et de l'embarras.

L'emprunt hypothécaire crée de toute nécessité, dans notre système, les établissements organiques placés sous la surveillance de l'opinion, obligés à des règles fixes, et qui, par cela même, ne laisseront aucune marge à l'arbitraire.

L'argent, dès lors, trouvant de bonnes et yloales garanties, et ne courant plus aucun des risques inhérents à l'usure, sachant enfin à qui s'adresser, baissera nécessairement le prix de ses services.

Ce qui permettra d'emprunter une plus grande masse de capitaux, sur de meilleurs prix, et de donner au travail une vive impulsion ; car chaque propriétaire développera une activité proportionnée à son désir d'une libération plus rapide.

On peut compter sur l'efficacité du ressort *aléatoire* vis-à-vis de la presque-universalité de ceux qui profiteront de l'emprunt, et, par suite, il faut compter également sur une exploitation de plus en plus intelligente du domaine patrimonial, lequel, n'étant plus menacé de l'expropriation absolue, se développera dans la mesure même des énergies propres au sentiment paternel.

XIII

DES RÉFORMES HYPOTHÉCAIRES

AU POINT DE VUE DE LA CONSTITUTION DU CRÉDIT TERRITORIAL.

Il y a des doutes à former, selon nous, et de fort graves, sur l'opportunité de certaines réformes hypothécaires, actuellement proposées, et qui tendent à la mobilisation du sol, en l'exposant plus indiscrètement que jamais à sortir des mains de la famille, dont l'intérêt fondamental en ce cas se trouverait de plus en plus compromis.

Sous prétexte de fournir des ressources au présent, l'exhérédation risquerait de devenir systématique.

La femme et les mineurs ne doivent pas courir de tels risques.

Ces deux sortes d'intérêts, qui n'ont pour ainsi dire d'autres défenseurs que leur faiblesse, sont par cela même les plus invulnérables devant la conscience publique et les plus précieux à sauvegarder.

Il importe que l'on procède avant tout dans leur propre sens.

Faciliter l'emprunt et le remboursement au chef de famille par un plus libre maniement du gage patrimonial, *sa vie durant*, voilà l'essentiel en matière de mobilisation.

Les transactions du chef de famille à ce sujet ne doivent être que viagères.

Telle est la combinaison à mettre en vigueur dans l'intérêt commun.

Le présent seul doit être chargé des œuvres du présent.

On n'a que trop abusé dans les derniers temps de la facilité de battre monnaie aux dépens des générations.

Il est temps d'enrayer dans cette voie funeste.

Posons donc en principe que l'hypothèque à titre d'emprunt devrait cesser avec la vie de l'emprunteur.

Le remboursement de l'emprunt, dans notre combinaison, deviendrait l'acquit d'une véritable assurance en cas de mort, le domaine engagé faisant retour alors aux ayant-droit.

Simple usufruitier du patrimoine de ses enfants, le père de famille, devenu tenancier temporaire d'un prêteur, travaillerait, au moyen de ce capital auxiliaire, et durant sa vie, à l'exonération intégrale des siens.

Toute réforme posée au delà de ces limites préjudicierait au patrimoine, battrait la famille en brèche, déclasserait dans un temps donné toutes les générations et ruinerait jusqu'à l'idée même de la patrie.

Gênantes à dessein dans la préoccupation du législateur, nos lois hypothécaires ne sont guères susceptibles de retouche que dans l'intérêt exclusif des familles et de leur crédit à l'intérieur.

Il ne s'agit, à nos yeux, que de la plus grande mobilité du gage, pourvu qu'il fasse incessamment retour à la famille.

La législation est dans son rôle providentiel lorsqu'elle tend la main au père de famille qui cherche des ressources.

Elle sort de son rôle lorsqu'elle tente un dilapidateur qui ne rêve que des expédients.

L'expropriation générale des familles est l'issue de la voie dont les modernes se préoccupent; et, volontiers, pour notre compte nous créerions plutôt tout un système de garanties contre l'expropriation même de l'emprunteur, dût à la vérité le gage de la famille être mis sous le séquestre, en régie temporaire, si l'emprunteur tombe en déchéance.

L'aliénation conditionnelle faite par le chef de famille doit cesser à l'heure de sa mort.

A ce titre nous conseillerons des réformes hypothécaires.

Sous tout autre point de vue, nous leur sommes hostile.

XIV

CRÉATION DE LA BANQUE DU CRÉDIT TERRITORIAL.

Nous avons dit que le crédit territorial ne pouvait être constitué d'une manière large et utile qu'à la condition d'un changement radical dans la théorie de l'emprunt et du remboursement.

En effet :

Quel doit être l'objet de la banque du crédit territorial ?

— De venir en aide au chef de famille, détenteur du patrimoine, en lui ouvrant le crédit qui lui est nécessaire, sans que la génération ultérieure puisse être responsable, après le décès du père, de la dette contractée dans le présent.

Quel doit être son but?

— D'améliorer la propriété et de féconder le sol de la France par le retour du capital et du travail vers l'agriculture, au moyen du triple accord du capitaliste, du tenancier et du manœuvre.

L'objet et le but seront complètement atteints par la banque, dont nous résumons la constitution dans les neuf articles qui suivent.

ART. 1er.

Tout propriétaire d'un immeuble quelconque aura le droit d'obtenir de la banque du crédit territorial un crédit équivalent à la moitié de la valeur de l'immeuble.

ART. 2.

En échange de la somme qui lui sera remise, il deviendra débiteur (*sauf faculté de rachat*) d'une REDEVANCE ANNUELLE ET VIAGÈRE, hypothéquée sur la propriété.

ART. 3.

Sur la production des pièces qui constateront le décès du propriétaire emprunteur, l'hypothèque sera annulée, et l'immeuble, quitte de toute charge de ce chef, fera retour aux ayant-droit.

(Sauf l'intervention de la magistrature, qui, d'office, aura le droit de se porter opposante, lorsque des suspicions légitimes s'élèveront sur le caractère de cette mort.)

ART. 4.

Le choix de la tête sur laquelle l'engagement repose est facultatif.

ART. 5.

Le tarif des *redevances annuelles viagères* sera fixé conformément à l'âge d'admission du propriétaire emprunteur, en prenant pour base l'intérêt de 3 p. 100 et la table de mortalité d'usage.

ART. 6.

En cas de non-paiement d'une annuité, l'immeuble sera mis en régie, jusqu'à libération complète.

ART. 7.

L'état de santé, l'état civil et l'état de la propriété seront constatés par des médecins spéciaux, par les pièces justificatives, par l'*admittatur* de la commission d'expertise.

ART. 8.

L'emprunteur pourra, à toute époque, racheter la redevance dont il est débiteur, en versant à la banque une somme égale au nombre présumé d'annuités qu'il devait encore payer.

Le tarif de ces annuités sera calculé sur les mêmes bases que celui des redevances.

ART. 9.

L'organisation et le fonctionnement de la banque du crédit territorial seront déterminés par voie d'ordonnance ministérielle.

Le tarif de la valeur *des redevances viagères* restera invariablement proportionnel au degré de risques particuliers que chaque propriétaire emprunteur fera courir à l'œuvre.

Selon que le propriétaire emprunteur offrira, par égard à la règle générale de l'âge moyen, plus de chances de longévité personnelle, la redevance annuelle sera nécessairement moins forte.

Elle sera nécessairement plus forte lorsqu'il offrira des chances de moins.

Dans cette hypothèse, l'intérêt s'élèverait, comme on ne manquera pas de l'objecter, à des proportions plus fortes, moins fortes cependant qu'on ne le croit au premier abord, vu que dans la réalité la redevance n'est que viagère. La plus-value n'est donc que relative.

Voici le degré moyen du thermomètre aléatoire :

La moyenne des chances de mortalité étant de. . . . . 1 1/2 p. 100

L'intérêt du capital étant 3

C'est donc un intérêt moyen de 4 1/2 p. 100

Que paiera l'emprunteur pendant sa vie, sous la condition :

1° Que le capital emprunté ne sera jamais exigible ;

2° Que la propriété sera dégagée de toute redevance au profit de la banque par le seul fait de sa mort, quelle que soit l'époque où cette mort arrive.

Avantage inappréciable, parce que l'intelligent emploi de l'emprunt facilitera des améliorations sur un sol qui ne sortira pas des mains de la famille, et qu'il suffira d'un certain temps d'efforts héroïques pour amener une plus-value dans le revenu du domaine, plus-value qui permettra de faire face aux remboursements aléatoires sans attaquer le revenu primitif.

Qu'opposera-t-on à une création de ce genre, si féconde en résultats, et dont nous allons tout à l'heure démontrer toute la portée sociale?

Est-ce l'inappréciabilité des chances aléatoires?

Mais chacun de nous, pris abstractivement et par rapport au chiffre habituel de la mortalité générale, a devant soi, dans les calculs de la vie moyenne, douze mille chances de probabilité pour accomplir sa carrière, qui se compose d'autant de jours.

Sur douze mille personnes, six mille auront vécu davantage, six mille auront vécu moins; mais les différences respectives se balanceront l'une par l'autre.

L'association de ce grand nombre d'intérêts garantit simultanément la banque contre toute espèce de chances.

Cette garantie se fait sous deux points de vue également favorables.

Nous n'en dirons qu'un mot.

Tel associé meurt en effet fort avant l'époque moyenne, et paie ainsi moins long-temps sa redevance annuelle.

Le but qu'il poursuivait n'en est pas moins rempli.

Son bien, libéré de fait, retourne à ses ayant-droit.

Mais il a grevé la banque, qui subit une charge.

Tel autre, au rebours, meurt plus tard, et paie aussi plus long-temps ses redevances.

Le déficit précédent se répare, et la banque se récupère.

Objectera-t-on l'élévation de l'intérêt, par suite de certains risques, lorsque le propriétaire emprunteur atteint un certain âge ?

— Mais il est toujours libre d'abaisser le chiffre de la *redevance viagère* à celui du taux moyen par l'introduction, dans le contrat, soit de sa femme, soit de son fils, sur la tête desquels le contrat reposera, et dont les chances de longévité seront moins imposées, et seront plus favorables à ses calculs d'économie.

La création de la *Banque du crédit territorial* sera le manifeste officiel de la résurrection du crédit.

Les capitalistes pour leur part se grouperont autour de cette institution, et l'usure n'aura plus d'excuse et de raison d'être.

L'obligation pour le chef de famille de liquider son propre passif déchaînera l'activité de toutes parts, et dans des proportions héroïques.

A ce signal, le chômage disparaitra pour long-temps de notre sol.

Plus de grève;

Plus de terrains incultes;

Plus de propriétés délaissées.

Plus d'expropriations.

XV

DES SOURCES QUI ALIMENTERONT LA BANQUE DU CRÉDIT TERRITORIAL.

L'établissement d'une banque de ce genre sur les bases que nous venons de déterminer, promettant à nos institutions républicaines un avenir durable, attirera tous les capitaux qui rechercheront de plus en plus le placement hypothécaire.

La France, l'Allemagne, les Etats-Unis, la Grande-Bretagne, où les riches compagnies d'assurances sont en quête d'un mode sûr de placement, alimenteront les caisses de la Banque dans des proportions incalculables.

Mais quelle que puisse être la masse de capitaux auxiliaires appelés à seconder le développement de la *Banque du crédit territorial*, nous devons déterminer d'une manière précise sur quels fonds nationaux vont reposer ses premières opérations.

L'état, pour sa part, dotera la Banque du crédit foncier d'une somme de quatre cent millions.

Les fonds provenant des caisses d'épargnes et des compagnies d'assurances seront versés à la Banque du crédit territorial, au lieu d'aller s'engloutir dans la rente.

L'épargne simple et l'épargne collective peuvent à elles seules alimenter les caisses de la Banque.

L'épargne simple, c'est-à-dire la caisse d'épargnes, devra se constituer sur d'autres bases.

La disponibilité permanente de ses fonds défend à la caisse d'épargnes d'être productive, et met nécessairement ses revenus à la charge des contribuables.

Elle coûte et ne rapporte pas au budget.

Après une révolution dont chacun sait les crises laborieuses, nous n'avons pas à prouver surabondamment les périls auxquels est exposé le pays par des remboursements dont l'impatience des dépositaires de la caisse d'épargnes aggrave les complications.

Nous poserons en principe absolu, afin de rejeter l'épargne simple vers l'épargne collective :

Que les fonds versés à la caisse d'épargnes ne seront remboursables qu'à certaines époques fixées d'après l'importance du placement, et qui varieront de une à dix années;

Que l'intérêt sera payable semestriellement, à raison de 3 p. 0/0 l'an.

De ce chef, la banque du crédit territorial pourra compter sur des centaines de millions.

En 1847, les sommes versées à la caisse d'épargnes atteignaient 400 millions.

400 millions provenant de la dotation de l'état;

800 millions provenant des caisses d'épargnes;

800 millions provenant des placements hypothécaires ordinaires et qui désormais s'adresseront à la Banque, parce qu'elle leur offrira plus de garantie et plus de sécurité.

1600 millions au total.

Mais la source principale sur laquelle se portent nos regards, c'est l'épargne collective créée dans ces derniers temps, ou plutôt retrouvée par la spéculation positive, dans l'intérêt des obligations domestiques.

Tantôt elle forme des associations de capitaux sur les bases de la donation entre vifs pour des périodes de 5, 10, 15 ou 20 ans.

Tantôt elle associe les épargnes du plus grand nombre en vue de la constitution de rentes viagères.

Tantôt elle accumule des capitaux qui lui sont confiés fractionnellement dans le but de les rendre au décès du titulaire.

Dans un cas, elle se nomme ASSURANCE EN CAS DE VIE ; dans l'autre, elle se nomme ASSURANCE EN CAS DE MORT.

L'assurance en cas de vie, en quelques années, a donné près de 500 millions.

L'assurance en cas de mort, en quelques années, donnera le décuple de cette somme.

Evaluons les résultats de ces deux opérations d'après les données statistiques puisées dans l'expérience des compagnies françaises.

Il y a en France 7 millions 500 ménages environ.

La moyenne des économies réalisables par ménage est d'environ 200 fr. par an.

C'est donc une somme *de* 1 *milliard* 500 *millions* que l'épargne collective fournira à la banque du crédit territorial.

Et,

Comme, d'une part, la durée moyenne des placements de l'épargne collective de survie est de 10 ans ;

Comme, d'autre part, la durée moyenne des placements de l'épargne collective en cas de mort est de 25 ans,

L'accumulation successive des intérêts de cette recette annuelle de 1 MILLIARD 500 MILLIONS permettra d'attendre que la moyenne des redevances annuelles payées par les propriétaires emprunteurs atteigne le niveau du remboursement à faire à l'épargne collective en cas de survie.

Quant à l'épargne collective en cas de mort, rien de plus facile de la mettre à même, dès le début, de faire face à ses obligations.

La banque du crédit territorial, fondée par la famille, s'alimentera par les épargnes de la famille.

Que l'on suppute les sommes énormes qui dans l'espace d'un demi-siècle auront circulé par le canal de la banque dans les veines de l'agriculture et de l'industrie, et l'on apercevra d'un coup d'œil toutes les conséquences du remboursement aléatoire.

Ce n'est pas l'argent qui manque en France, mais le crédit, et le crédit ne s'obtient, en thèse générale, que par la foi dans les institutions.

Et quelle institution inspirera plus de confiance que l'établissement dont nous venons de jeter les bases ?

XVI

DE LA PORTÉE DU SYSTÈME ALÉATOIRE.

Il est nécessaire à peine d'insister sur les conséquences inhérentes au principe de notre système.

Ces conséquences se déduisent d'elles seules, du moins pour les esprits qui s'arrêteront à l'examen du jeu de nos contre-poids.

Depuis un temps immémorial, parmi nous, le crédit n'était guère autre chose que la faculté de s'endetter, et rien de plus. Les générations antérieures, en se succédant, nè sont que trop entrées à tour de rôle dans cette voie qui les conduisait par l'expropriation au morcellement et à la famine.

A ce triste système quelques familles en opposaient un autre non moins déplorable, celui de l'accumulation mystérieuse des économies, lesquelles, entre leurs mains et presque toujours dans l'ombre, servaient tant bien que mal à des spéculations timides, entachées généralementd u reproche d'usure.

Le vrai crédit, que nous ne connaissions plus, et l'économie normale qui devient un de ses auxiliaires, se reconcilient dans l'établis sement de notre système.

L'économie, en face des bases que nous proposons, rentre dans le champ des spéculations franches.

Le crédit redevient par la même occasion la faculté certaine pour chaque père de famille d'amortir intégralement sa dette.

L'équilibre de la circulation se rétablit.

Deux négations se rapprochent et se détruisent à la fois dans une affirmation logique.

L'usure, trop élevée, s'abaisse, et le travail, trop déprimé, se relève.

Il s'ensuit que l'agriculture, aidée par le privilége de sa position à se servir tout d'abord de l'instrument du crédit aléatoire, prend aussitôt les devants sur l'industrie, qui, désormais, ne marche plus qu'au second rang.

Et, ce qui n'est pas moins nécessaire, de l'aveu commun, il s'ensuit qu'à l'avenir l'industrie règle son pas sur les pas de son chef de file naturel.

En dehors de la prépondérance politique du chef de famille on chercherait vainement une solution équivalente, et nous avons été les témoins de mille efforts dépensés à la poursuite de cette vic-oire.

Dans nos vues, le père de famille devient le pivot, le régulateur de la société.

Trente millions de voix dont on faisait pleinement abstraction dans le régime censitaire forment l'appoint vigoureux de sa prépondérance au scrutin dans l'intérêt de la République et de sa longévité.

A l'avenir la prudence paternelle mesure tout.

Dès lors le père de famille est mis en mesure de faire lui-même crédit à l'avenir, c'est-à-dire de se rassurer, de reprendre courageusement ses opérations et ses entreprises, d'oser enfin tout ce qui lui sera loisible ou favorable aux siens, à la faveur des garanties de fait dont le sentiment incontesté de sa prépondérance le rendra plus librement dépositaire.

Un nouvel horizon s'ouvre pour lui et les siens.

Le remboursement aléatoire,

C'est la reconstitution du patrimoine, et,

Comme la préoccupation du sort des enfants est l'âme de nos entreprises,

Comme c'est à l'exaltation sérieuse du sentiment paternel que s'adresse la banque du crédit territorial,

Nous verrons bientôt le travail se déchaîner de toutes parts,

Et chaque point du territoire devenir le centre d'une spéculation nouvelle.

Le remboursement aléatoire est le plus vigoureux des stimulants :

Il relève le courage abattu;

Il nous mène à la conquête intégrale du sol;

Il abolit les terres incultes;

Il défriche les landes et bat monnaie de toutes parts;

Il fait disparaître l'expropriation, cette plaie de nos civilisations modernes;

Il rétablit l'équilibre dans la population des villes et des campagnes;

Il organise le travail, qui se partage dès lors entre l'agriculture et l'industrie;

En un mot,

Par lui nous sortons de l'anarchie pour entrer dans l'ordre, car de toutes parts la violence désarme.

Trois points de vue résument cet aperçu.

1. Au point de vue politique, à l'intérieur, l'état se trouve délivré d'une foule d'obligations parasytes dont il n'a ni le génie, ni la vertu, ni la capacité.

L'épée de la France redevient libre et prépondérante au dehors.

2. Au point de vue économique, la centralisation actuelle, fille du monstre censitaire, tend à se débarrasser de ce qu'elle a de factice et de surabondant.

La vie germe à nouveau dans les localités départementales, amenées de façon ou d'autre à constituer elles-mêmes, sous le plus bref délai, leurs propres mutualités aléatoires.

Dès lors, les sinistres politiques ne risquent plus d'être déplorablement préjudiciables aux fortunes particulières.

Le principe de la division des risques est mis en jeu par la régie de la richesse publique.

Dans cette transformation, rien de périlleux pour l'indivisibilité du territoire.

3. Au point de vue social enfin, la famille,

dont les vicissitudes expliquent celles de notre histoire, se reconquiert elle-même et nous délivre d'une situation perplexe, après avoir été beaucoup trop long-temps pour son honneur et nos destins, étouffée dans les bas-fonds de la politique et spoliée de ses régies économiques, et cela par l'effet même de sa complicité déplorable avec une série de gouvernements qui la dépouillèrent par degrés de ses franchises et de sa prépondérance.

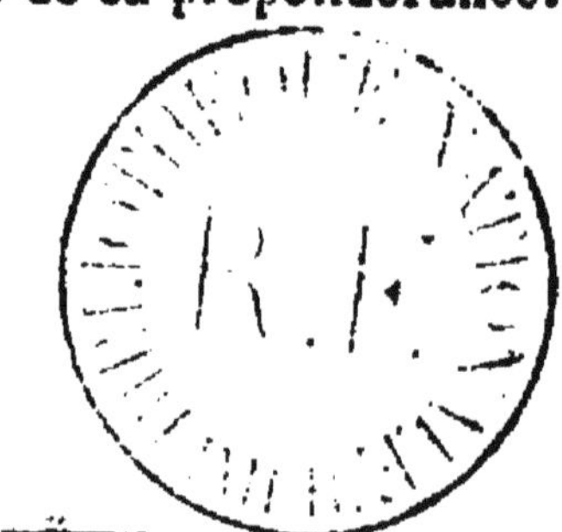

TABLE.

	Pages
I. — Le socialisme.	11
II. — Le crédit.	21
III. — Des conditions sociales par rapport au crédit.	27
IV. — Du tenancier vis-à-vis du crédit.	37
V. — De la situation du tenancier en 1848.	43

VI. — De la prépondérance sociale du tenancier ou du chef de famille. 51

VII. — Le suffrage universel, ou prépondérance politique du chef de famille. 59

VIII. — Du vice de l'absence en matière électorale et de son correctif. 68

IX. — La famille et le crédit. 83

X. — Le gage du crédit. 92

XI. — Du dégrèvement de la propriété. 98

XII. — Constitution du crédit territorial. 103

XIII. — Des réformes hypothécaires au point de vue de la constitution du crédit territorial. 108

XIV. — Création de la banque du crédit territorial. 114

XV. — Des sources qui alimenteront la banque du crédit territorial. 123

XVI. — De la portée du système aléatoire. 132

www.ingramcontent.com/pod-product-compliance
Ingram Content Group UK Ltd.
Pitfield, Milton Keynes, MK11 3LW, UK
UKHW020606180726
13838UKWH00001B/465

9 782329 313856